우주문학 시선 4

묵호

정영주 시집

묵호

정영주 시집

은하태양

▎시인의 말

시는 입이 없으니 소리도 없다.

조짐을 찾아 어슬렁거리는 시인을 탐색하거나

시인의 발에 걸려 슬쩍 넘어지는 걸 자처한다.

이번에는 내가 시의 발에 걸려 무작정 무너질 참이다.

시의 우주 속으로 들어가는 낯선 미로의 문장으로.

2025년 5월
정영주

차례

▎시인의 말

제1부 찢고 싶은 블랙 동화

010   옥타비아 파스가 돌멩이 연필을 건네다
012   흑백사진 —예멘, 맨발의 아이들
013   칼끝의 미로
014   바늘의 행성
016   낯선 질문
018   모과나무 혼자 꽃이 피고 지는
020   낯선 광야
022   우리가 흘린 얼룩
025   숨어서 소리를 내지
026   구상과 디자인의 판타지—리모델링의 미학
028   찢고 싶은 블랙 동화
030   수학은 엄살이 안 통해
032   저 독한, 바다 한 마리
034   대책 없는 아우라
036   시의 뒤통수
038   묵호

제2부 바늘로 행성을 깁는다

040   바늘로 행성을 깁는다
041   부치지도 못할 편지

042 문장 속에 탄알이
044 바닥이고 점프야
046 쿠바의 뒷골목
047 잃을 것이 없는 안부
048 양자역학
050 문자가 물방울로 지워지고
052 종아리의 바다
054 드라마의 한 컷 —나의 해방일지를 보며
056 무감각한 위기들
058 우주 사냥
060 착한 구둣방
062 라비린스
064 재미없는, 눈부신
066 정지된 시간들

제3부 묵호

068 버린 길을 인출해 낼 수 있을까
070 보라와 블루 사이
072 궤도 이탈이 필요한데
074 바다의 배후
076 깜깜한 트릭
078 묵호
079 일회용 의사
080 갈등선호증후군
082 산 벚꽃들의 가속

084 재즈와 빗줄기
086 아나모픽
088 홀통 바다
090 안과 바깥
092 달은 염색하기에 달렸다
094 아가리배 —검은 고래의 방

제4부 고원과 광야의 탐색

098 몽우
100 컴퓨터 속에서 무럭무럭 키워지지
102 맨발의 성찬
104 풍문의 주소
106 기타는 허공을 난타하고
107 오솔길로 따라가 보세요
108 달빛 항아리 사내
110 고원과 광야의 탐색
112 이 환장할 봄에
113 사마리아 여인의 우물
114 꿈이 담을 넘을 때
116 늙은 아이
118 서늘한 기울기
120 천 번의 무게
122 시에 대한 변명
124 빠져봐야 아는 일

125 해설 이병금

제1부

찢고 싶은 블랙 동화

옥타비오 파스가 돌멩이 연필을 건네다

입체를 뚫고 질량을 탈출한다
시간은 붉게 하늘의 오후를 떠메어가고
서쪽 능선 한쪽이 휘청이다 제자리 잡는다
영원한 것들은 일시에 속는다
속는 것들이 지금을 찰나에 잇는 일
잊을 때 터트려지는 말들은 대부분 황홀이어서
노래라 하지만 울음인 것들이다
불투명할수록 목말라서 백 가지의 색 가지고도
분별할 수 없다

허공에 사다리 하나 걸쳐놓고 싶었다
허벅지가 깨진 야곱이 올려다본 사다리
탈출은 날다가 떨어지는 돌멩이가 아니라
하늘 몇 겹을 뛰어넘는 뜬 돌이라는 걸
옥타비오 파스의 시집을 읽다가
초석과 돌멩이의 오후*의 문장에서
내 발목에 떨어진 돌에 놀란다
파스가 보낸 연필 돌멩이!
무심히 집어 든 책 속에서 시 한 수

툭, 얻어맞을 때가 있다

*옥타비오 파스 『태양의 돌』중에서.

흑백사진
―예멘, 맨발의 아이들

빛을 압축시킨
어둠의 질량이
어린아이의 눈동자에 고여 있다

쉬이 들키지 않는
이마의 그늘에서 바람이 분다
빽빽이 쌓아둔 미로를 훑고 가는 바람
어린 평생이
한 번도 웃지 못했을 미간이
좁은 골목을 따라가며 흔들린다

돌아보면 통째로
수장된 어린 시절이 있었다
예멘의 검은 골목과
발꿈치부터 타들어 간 맨발의 아이들
묵호의 검은 석탄처럼
적재 용량을 초과한 가난들이
것도 행복이라고
휘어진 골목길을 가장 느린 주름으로
걷고 있었다

칼끝의 미로

칼끝으로 문장을 헤집어 간다
낯설게 펼쳐진 불온한 책갈피 사이를
예리한 검객의 날로 한 장 한 장 훑는다
낱낱의 글자가 피날까
숨긴 문자의 안내는 불길하고 수상하다
절묘한 칼끝의 미로
다치지 않고 시어가 내게 걸어올 수 있을까
꿈속에서 깊이 감춰진 사유를 찾는
칼의 노고를 보았다
언질을 준 적이 없는데
그리 소중한 것은 베이는 것처럼
아리게 오는 것인지
아, 입 벌리고 눈 번쩍 뜨는 사이
내 시어들이 가슴 횡경막을 열고 터져 나온다
잃어버린 시가 칼끝에서 문을 연다

바늘의 행성

바늘에 실을 꿰면
행성이 되는 거야
뜨거운 목성, 벨레시모*가 되는 거지
섭씨 천 도의 몸으로 태양을 도는 일
절반의 빛과 절반의 어둠으로 우주를 꿰매는 일
바늘이 도는 궤도는 집요하고 뜨거워
다른 외계를 꿈꿀 수가 없어
어떤 광기도 바늘의 순례만 못 하지
고아행성이 플레시모야
어미 없는 깜깜한 혼돈이지
거긴 철로 된 비가 내리고
씩씩한 양철 우산이 필요하대.

무명과 옥양목 사이에서
어미 항성을 보는 일은
고아행성으로 돌던 길을 바꾸는 혁명이야
거대한 압력을 깨뜨린 용암이지
바늘에 무수히 찔린 구멍에서 피가 흐르면
카펫에 떨어진 붉은 별을 볼 수가 있지

바늘을 부러뜨리는 날이 올까
차가운 것으로 뜨거운 것을 달구는 날이?

* 목성을 중심으로 도는 떠돌이별.

낯선 질문

여자는 책의 내피를 보고 단숨에 고요해지네
남자는 책의 외피를 훑고 제목부터 외우네
읽는 것과 보는 것의 차이
아는 것을 참지 못하는 사내의 열변과
아는 것이 힘들어진 여자의 침묵이 돌아서 가네

적막의 껍데기를 들치면
와글와글 시끄러운 내피들
광장보다 밀실을 더 잘 견디는 건
과장과 허세가 덜 해서야
고요히 길러 온 발톱이 정확한 표적을 겨냥하고
소리 소문 없이 적중할 수 있는 힘,
광장을 견디지 못해 안으로 키워둔 언어가
비수가 되는 일이 꼭 정의가 아니어도 괜찮은 힘

말보다 발이 먼저 가서
확신 없이 확신해서 무너지는 일의 무모함이
타인의 밀실을 망가뜨리는 과장된 힘도 힘일까
긴장이 길어질수록 낯선 질문에 묶이지

그림자조차 한 통속인
광장이 갑자기 사라져서 온 밀실
입도 코도 손도 발도 밀봉시키고 언제 발효가 넘칠지 모르는
삶의 항아리들이 깨지기 직전인 밀실,
모두가 눈만 치켜뜨고 딱딱하게 굳어 가지

모과나무 꽃이 혼자 피고 지는

중력을 버린 시간이
연두와 녹색의 밀당을 따라가지
켜켜이 산속을 누비며 흔드는
초록 걸음이 엉키다 넘어지기도 하지
중력이 없었다면 무한대의 허공으로
버려졌을 몸뚱이
산처럼 묵묵해져서야
나도 별 볼 일 없는 짐승이었음을 알지

한 가지 색 속에 던져지면
초록 그 이상도 이하도 아니야
의미도 사유도 다 텅 비고 마는 공간이 되지
모과나무 꽃이 혼자 피고 지는 삼백 년의 시간이
큰 바위 위에 질펀히 떨어진 꽃잎이라는 걸
갇힌 산속에서야 비로소 느끼지

기다렸다는 듯이 맨발을 받는 고적한 고목의 인사가
참 많이 그리웠다고 나도 대답하고 싶었어
늦게 떨어지는 모과 꽃잎 한 장, 코에 매달고

시에 목마른 제자처럼 구멍 뚫린 하늘을 보지

연두와 초록 틈새로 철철 흐르는 계곡물에
눈빛이 떠도는 사이 뒤집힌 중력이
허공에 물길을 내더라고
찰랑찰랑 잎새들이 젖은 물결로 흐르며
남은 꽃잎을 떨구고

낯선 광야

밤새 허벅지 뒤쪽이 아렸다
심장이 그리 옮겨 갔는지
허벅지 근육이 욱신욱신 잠을 들썩였다
자면서도 잠을 잃은 낯선 광야
아침에 머리맡 주전자와 책들이
물과 함께 난장이 되어 있었다

다시 광야로 간다면
붉은 사제의 옷을 입고 싶다고
사람이 사람을 책임지는 일은
형벌이라고 대신 말해주는 누군가가 있다면
좋겠다고 밤새 끙끙거렸다
대책 없는 자의 대답은 하염없이 쓸쓸했다

시내산에 깊이 올라
꺼지지 않은 불꽃에 놀라고 싶다
서둘러 신발을 벗고 가시나무 떨기에 붙은
불꽃 앞에 꼬꾸라지고 싶다
그대가 누구고 내가 무엇인지 모르는 삶을

대출이 탈출이 될 수 없는 두려운 생을
거대한 손을 펴서 내 머리를 가리고
지나시는 그분의 뒷모습에 맡기고 싶다
그 크고 빛나는 신성한 영역
생의 하찮은 것들이 몽땅 스러져 흔적도 없도록

우리가 흘린 얼룩

바다의 임계점은 바닥이야
발끝이 닿지 않은 바다
바닥은 염치를 모르는 안개 늪이지
뻔뻔해져도 넘어가지는 임계점
터닝 포인트 하곤 틀려, 전환점이나 마지노선하고도 다르지
궤변이라고 말하면 되려나?
지평선을 수평선으로 뛰어넘어도 둘 다 가능한

철벽처럼 깜깜하게 보이는 것들은 블랙홀이래
질량과 중력을 감지할 수 없는 것들이
휘어지는 중력 속에 숨어있는 수평선을 어떻게 가늠해
찰나에 수직으로 휘는데,
기척이나 조짐이 없는 소름이지

수평선을 보고 대개는 환상이라고 착각해
아득한 것들은 대개 모나지 않으니까
구체적인 언술이 필요 없지

구태여 가까이 갈 필요가 없는 것들에게
명명하는 푸른 안녕인 거지
수평에 대한 상상은 수직과는 반대여서
그럴듯한 둥근 대접을 받지
순수는 트릭을 쓰기가 좋은 대상이긴 해
수직은 절벽이고 벼랑이어서 선뜻 다가설 수가 없어
이동이 편할수록, 쉽게 만질 수 있는 것일수록,
인정받는 것에 우선순위지

우리가 우리를 홀리는 것들은 대부분 어둠에 가까워
죄도 휘어지는 중력이어서
발을 그쪽으로 옮기자마자 넘어지니까
중력을 압력으로 누르면 비길까? 둘 다 삐져 나갈까?
아님, 누르다가 수평 수직이 폭발해 혼돈이 될까

깜깜한 곳으로는 횡단보도가 필요 없겠지
급경사인 중력만으로 악은 그대로 악일 뿐이지
완전한 선 없인 다 죄일 거야
중력이 핵융합할 때, 별이 태어난다네
그 온도가 약해지면 별도 빛없이 고요히 사라진대

우리가 홀린 얼룩이 죄라고 고백할 때,
낮고 낮아져 죽을 각오가 돼 있을 때
다시 살 수 있는 융합이 일어나겠지

그럴 때 다시 찬란한 빛이 찾아올 거야
수평선에 걸린 따끈따끈 별빛으로

숨어서 소리를 내지

갈증은 낮달처럼
숨어서 소리를 내지
누군가 한 번쯤 보는 곳에서
잠깐씩 들키곤 해
치명적인 것은 얼마간의 정적을
움켜쥐고 있다가 찰나에 쏟아내지
고요히 빛나는 것은 늘 조심해야 해
소리 내지 않고 소리 내는 것
목마른 암호로 내는 수화
하늘에 드리우는 두레박처럼
중심이 텅 비어 있지
보여도 희미한 것
들려도 겹겹의 메아리
만져도 몸이 기우는 허공
나에게 너를 보내는 것보다 더 아득해져

구상과 디자인의 판타지
—리모델링의 미학

왜곡될수록 완벽한 미학이죠
공간 위에 펼쳐진 상하좌우의 간격
간격은 관계의 질료니까요
사람이나 집이나 관계는 실은 다 판타지구요

유통기한이 없는 그림 판타지는
단숨에 흡입하거나 찰나에 빼지 않으면
제 위치가 불가하죠
판타직할수록 집을 뒤집는 데는 마케팅이 필요해요

경향이 무시되는 전시나 전혀 어긋난 디자인
때론 엉뚱한 빈티지가 역할이 되곤 하죠
실내 아이템은 정석을 뒤틀수록 새로워지기도 하구요
빈티지나 올드한 것들은 이젠 한물갔다구요?

나이테를 바꾸는 것은 은근 업데이트긴 하죠
추상적인 것들이 대체로 속임수에 능하니까
구상은 진부할 수밖에요
어떻게 집에 훅 빠질 수 있을까요

추상일수록 서서히 드러나는 데 시간이 걸리죠

사람마다 해석이 분분하니까
집은 자기가 다 알아서 몸과 마음을 맞추지요
어떤 색을 어떤 디자인을 추가할까는
원하는 자의 몫이겠지요

구상도 디자인도 다 언어라서
언어의 추상이 무너지면
환상성도 무너져서요
다 무너지는 게 지금 시대의 답이어서요

찢고 싶은 블랙 동화

엽전 몇 냥만 내놓으면
바다는 서늘히 몸 열 줄 알았어
화냥기 없이 그것마저
성스럽고 경이롭데

몸 열었다 찰나에 닫는 순발력
이음새도 없이 가득 차는 생명력
생채기 없이 불뚝 일어서는 푸른 물결이
지천이어서 눈이 심해였지

계산 없이 이곳에 살자 했지
24시간 한 곳에 빨래처럼 널려 있어도
펄럭이면 펄럭이는 대로
눕히면 눕힌 채로
날아가면 날아가는 대로
다 받을 수 있겠다, 싶었어

젠장!
50년이 넘었는데도

왜 따라다니는 거야
묵호, 그 검은 애비 그림자는
왜 그렇게 질긴 거야

검은 석탄과 검은 오징어 먹물,
새벽마다 경매장 돌며 오징어 눈깔을
훔쳐 먹던, 그러다 들키면 냅다
쫓기던 그 어린 시절…
그 조그만 눈깔 하나 떼어내도
팔 수 없는 상품이라고
오징어 통째 내팽개치던 아버지처럼
우리를 내팽개치던

찢고 싶은 블랙 동화지

수학은 엄살이 안 통해

계산 너머를 보는 거야
숫자 그 이상을 꿰뚫는 거야
한 치의 오차도 없이 우주를 건너뛰는 거야
미리 달에다 슬쩍 발을 걸치는 거야
항성과 행성의 치수를 일일이 재지 않고
지구에 걸친 그림자 길이만 보고도 아는 거야
태양의 기침 조짐만으로도 가늠할 수 있는 거야
밀물이 바닷속 용암에 어떻게 휘둘리는지
썰물이 파도의 진동이 몇 광년 동안 흔들렸는지
그 이면까지 정확하게 읽는 거야
수학은 엄살이 안 통하는 무한대야
혼돈과 환상까지 숫자로 시작되는 거야
가감과 오차와 우연한 거리와
엉뚱한 예측까지 계산에 속하는 거야
지구가 지구를 놓치는 이유까지 합당한 거야

수학이 모두의 시작이라고?
수학을 알아야 지구도 달도
태양도 감지라도 할 수 있는 거라고?
모든 우주가 (우리라는 소우주까지)

다 수수께끼일지라도 수학은 수학을 하는 거야

저 독한, 바다 한 마리

거센 파도와 싸우다 지친 큰 숭어 한 마리
모래사장으로 연신 밀린다
미역이나 건질까, 막대기 들고 어슬렁이던 아이,
화살처럼 달려들어 막대기로 쳐대는데
탱탱히 맞서는 숭어,
근육을 바짝 세우며 바다 쪽으로 몸을 비튼다
아이의 당혹이 바다보다 짙푸르러지고
그 속에 뛰어든 나도 대책 없이 용쓰는데
바다로 가려는 숭어와 육지로 퍼 올리려는
네 개의 숨 가쁜 발길질,
거친 모래와 숨찬 땀방울이 여기저기 튄다

두 사람이 한 마리 숭어를 이겨내는 일
바다의 근육에 단련된 그 엄청난
숭어의 버팀 김을 이겨낼 수 있을까
피등피등 손바닥에서 연신 미끄러지는 숭어,
죽을힘을 다해 꼬리를 쳐대고 모래 속 물길을 찾는다
무서운 몸부림, 저 독한 바다 한 마리,
아, 숭어는 통째로 바다구나

어쩌지 못해 사력을 놓고 힘을 뺀 채 주저앉는다
숭어를 보내고픈 내 눈빛을 아이는 읽었을까
푸르러 멍든 눈빛 소금기로 씩씩거리더니
아이는 냅다 막대기를 내팽개친다

 에이씨, 그냥 가라고 해요
 허연 물갈퀴 속으로 아등바등 사라지는 숭어의 지느러미
 어이없는지, 체념인지 돌아서 뛰어가는 아이가
 더 큰 바다라는 걸 아이와 숭어는 알까

대책 없는 아우라

무심히 가는데
정처 없이 풍경으로 흐르는데
왜 손이 낯선 시집에 가 닿지?

옆구리조차
그림자조차 내 바깥인데
무례하게 왜 다 보여 지지?

지척이 아닌데
큰일 나는 일들이
함부로 허락되는
안과 밖의 관심 몇 컷!

보지 말아야 할 것에
듣지 않아야 될 것에
흔들리는 대책 없는 아우라와의 조우

감정의 혼돈을 모른 척하기엔
찰나에 흡입되는

문장 하나

중심보다
아우라에 더 깊어질 수가 있다는 게
그럴 수 있다는 게

시의 뒤통수

온몸에 꽃을 걸쳤으나
진부한 넋두리다
화사함은 적절한 배치
우아함은 곡선으로 휘어진 가지 위에
꽃 한 송이 슬쩍 거는 것
시의 언어는 횡경막 깊이에서 오는데
뇌에서 던진 찰나의 언어들

널려진 꽃들을 불러내 옷에 초롱초롱 매단다
불쑥 꺼내는 넋두리보다
옷에 매달린 꽃들의 핑계를 듣기 위해
가보지 못한 길을 옷의 문양에서 발견하기 위해
내면을 가려주지 못하는 외면의 껍데기,
그 모호한 장치의 위장을 드러내기 위해

그녀의 언술이
그녀의 내숭이
그녀의 발칙이
그녀의 역설이

어디로 튈지 모르는 점프의 내공을
알아채기 위해

혼밥의 그녀,
고독한 시의 뒤통수를 맞는다

묵호

한세상을 건너뛰고 싶은 이 증세
무등산 가지고도 모자라고
삼악산 가지고도 모자라고
설악산 가지고도 모자른
기어이 묵호라도 뒤집고 와야
펄펄 다시 살아나는 생
계약이나 서명이 필요하지 않은
어떤 몰입도 광기도
한길에 내달려야 하는 야생성
퍼런 인광을 달고 무수히 오갈 수 있는 동해
닳아진 발길이 그 불빛에 닿아
생살로 돋을 수가 있다면
골목도 없는 칠 번 국도가
바다에 다 들키고도 여전히 살아남아
씩씩하게 밟히는 단단한 침묵이 된다면
한 달에 한 번씩이라도 달려와
너를 꼭 안아주고 싶다

제2부

바늘로 행성을 깁는다

바늘로 행성을 깁는다

바늘에 실을 꿰어 행성을 깁는다
한 올 한 올 명주에 길을 낼 때마다
은하의 별들이 이어져 간다
색인하지 않고는
한 올도 건너지 못하는 소우주

바늘이 중력을 뚫고
별들을 도열시킨다
아니 뒤집어 놓는다
명주실을 따라 돌던 행성의 속내,
그 안과 밖을 껴안는 솔기가 만만치 않다

구겨진 꿈들이 포개져
구부러진 무릎에 고여 있다
곤한 눈으로 무명을 놓치는
까무룩 한 무중력의 시간

기어이 손가락 깊숙이 파고든 바늘
시에서 검은 피가 줄줄 흐른다

부치지도 못할 편지

바람에 꽃잎 한 장 떨어졌는데
무심히 숲속에서
붉은 새 우는 소리 한번 들었는데
눈 설핏 감았다 뜨고
햇살에 눈꺼풀 한쪽이 데었는데
시간이 가고 오는 소리 한번 못 듣고
그 시간을 세우지도 붙들지도 못하고 있는데
잊지 못할 것이 무엇이며
잊어야 할 것이 무엇일까 사유만 깊은데
매 순간이 오늘이고 내일이고 마지막이어서
자다가 벌떡 일어나 부치지도 못할 편지를 쓰는데

문장 속에 탄알이

책을 읽다 터져 버렸어
문장 속에 탄알이 장전돼 있었지
누구에게든 겨냥되는 거야
당장은 내주기 싫은 심장
문장 한 알이 빛처럼 뚫고 들어와
캄캄한 오지에 벌집을 내지
매료되면서 죽어 나가는 너와 나의 언어들
문장의 난동은 엉뚱할수록 속수무책이야
무너지는 건 한순간이지
사유의 침입을 방임하지 마
내부에서 터진 반란은
혼란일수록 위력이 크지
내가 나를 쏘는 총알만 분별이 있으니까
자신의 중심을 잘 겨냥하라고
당최 무슨 말인지 모르겠다고?

타인의 문장에 무심할 것
빛날수록 밀당에 속지
기우는 의자에 앉아
미끄러지지 않으려는 근성이 필요하니까

필독이나 필사를 조심하라고

바닥이고 점프야

눈물은 바닥이고 점프야
고공 점프가 높을수록 블루 안경은 내 것이 되지
자책은 남겨둘수록 삼킬 수 없는 목젖이야
바람을 잡았다 놓아주는 우듬지처럼 뱉어버리는 거지
주문 없는 욕망을 서너 번 접어서
측백나무 높은 곳에 걸어두면
까마귀 떼가 몰려와 물어가지
추상을 물질로 바꾸는 까마귀는 아이큐가 아주 높다지

질문은 표정 뒤에 숨길수록 좋아
대답은 달리기 선수라 곁길로 달아나기 십상이니까
지구가 23.5도에서 더 기울어져 있다는데
그 기울기로 우주 전체가 기웃할 텐데
과학자들의 대답이 신통치 않아
달 뒷면에 숨은 바다의 체위가 걱정되기는 하지

폭죽은 간신히 붙잡힌 이별이니까 빛나고
팽팽해지는 지구의 배꼽도 폭죽으로 터질지도 모르지

숨어서 보는 위기일수록 푸른 문장이 흉터투성이야
몸을 여러 번 접어야 부풀지 않지
아무래도 달콤한 것들이 다투어 부풀 거야

끌려오는 눈동자가 저녁이 되고 있어
끌려가는 새벽은 잡지 못해 맨발이 되겠네

속았다는 생각이
너무 싱싱해서 화가 나는 시를 읽었어
시간이 견뎌낸 만큼 여유와 넉살을 읽고 싶었는데
앞뒤가 잡히지 않는 언어의 유희를 봤어
조짐이 묻어나지 않아서 내 지문을 묻히고 싶었어

너무 가벼운 것은 젖지 않아
눈물이 바닥일 때 점프가 가능하거든
그럴 때 블루 안경이 제격이야

쿠바의 뒷골목

옷의 문양을 따라가면
색 바랜 쿠바의 뒷골목에 닿는다
허기진 목에 핏대를 세운
악사의 노래가
어둔 발아래 돌 사이로
끼어들다 들킨다
홀연히 내가 사라진 오후
자줏빛 짙은 주머니에 새긴
아라비아 문자와 닮은 낯선 풍경이
골목골목에 숨어 있다
발바닥에 숨겨진 유랑을 따라
건들건들 걷는다
휘파람으로 고객을 부르는 상인들과
검은 얼굴에 분칠한 긴 망토의 여인들
얼굴이 까만 눈이 큰 아이가
엄마 찾는 소리로 골목은 더 길어지고
여기는 어딘가 덜컥 겁이 나
돌아보는 찰나,
눈이 번쩍 뜨이고
아침 해는 내 얼굴 바짝 떠 있고

잃을 것이 없는 안부

도시에서 도시를 건널 때마다
목록에서 안부 하나씩 빠져나간다
열 개씩 한꺼번에 사라질 때도 있다
문자로 돌리는 안부는 가면일 때가 많고
음성 메시지는 독촉이나 은근한 협박이고
영상통화는 삭제나 잠수하고픈 안녕?
안부를 버려도 궁금하지 않기로 작정하면
새로 얻은 도시는 전체가 안부다
잃을 것이 없는 안부

오늘은 산책을 길게 했다
낯선 아낙이 다가와 생소한 안부를 물었다
─이 도시가 살기는 어때요?
─은둔자는 섬처럼 외롭고
─잠시 거쳐 가는 나그네는 탐색이 즐겁지요
답이 애매한 건 적절한 안부가 아니다
은둔자와 탐색자의 낯선 안부가 석양에 지고 있다

양자역학

전자 두 개가 다 제자리가 있나 봐
한 위치를 다른 위치로 옮기려면
점프 외에 다른 길이 없다네
애매한 것은 아니니까
상한선의 법칙이랄까
불연속성의 거리를 무작정 뛰어넘는 것?

밀어내는 건 자연의 법칙이지
플러스는 밀어내고 마이너스는 당기고
이리저리 오고 가다 보면
우연히 만나지는 꼭짓점이 있겠지?

점프가 쉽지만은 않아
누군가 자극해서 밀어 올리는 것?
기다린다고 우연히 되는 건 아니니까
밀어줘야 들어가지는 것
최소한의 임계치랄까
포기하다 보면 되어지는
어떤 확률에 대한 기적 같은 것?

전혀 다른 세상이면서
또 하나의 같은 세상
영에서 백이 되는 점프의 극치랄 수도 있겠네
억울한 것은 절대 걸릴 수 없는 천운
죽기를 각오하다 걸리는 임계점?
내가 나를 시험하다 올라가는 극도의 한계
교과서를 다 외워야 다 해낼 수 있는 자신감 같은 것

세상에!
서울대 수학 문제 10년 치를 미리 다 풀어보는 거라고?
그래서 새 문제들을 다 맞히는 거라고?

도대체 양자역학이 뭐야?

문자가 물방울로 지워지고

욕조에 뜨거운 물을 받아놓고
윤대녕의 『누가 걸어간다』를 읽는다
물속 온도만큼 물속에서도 뜨겁게 걷는 건
혼란한 자유를 식히기 위해서다
등 뒤로 땀을 흘리며 탈영병이 억새밭 사이를
무섭게 헤쳐 나가듯
그 숨 막힌 혼돈을 할딱거리며
물속을 뛰듯이 걷는다
언제 날아올지 모를 총알을 피해
물속에 머리를 처박고
죽은 듯이 포복하기 위한 비틀걸음을 본다
뜨거운 물 속에서
탈영병의 벌떡이는 심장으로 책 속을 달린다
문자들이 물속에서 튀고 찢기고 툭툭 떨어져 나간다
누가 서둘러 달려가는지
망원경에 잡힌 긴장된 문자들이
물속에 빠져 아우성이다

내 몸이 뛰다가 멈춰 있다

마음이 몸을 따라가지 못하고
헐떡거린다 숨이 차다
마음과 몸 사이에서 시선이 식어가고
등줄기로 흐르는 땀방울이 빠르게 냉각되고 있다
욕조에서 쉼 없이 걷는 일이 쉽지 않다
문자가 물방울로 뿌옇게 지워지고 있다

종아리의 바다

섬이 되고 싶어, 말하는 순간
발바닥이 허공을 들어 올린다
보라색 옷을 입어야
천사의 다리가 문을 연다는 소문이
섬 주위를 떠돌고 있다
떠도는 섬과 만나 함께
보라로 뭉개지는 일이 가능할까

어릴 때 먹보라는 죽음의 색이었다
바다도 예외가 아니었다
동해는 보랏빛보다 더 짙은 블루나 잉크색
아비가 오징어 배에 오를 때 바다는
시커먼 먹물 빛이 되었다
아비의 폭언이나 사나운 낯빛이나
매질의 질량에 따라 바다 빛깔도 변덕을 부렸다
애비의 바다는 내겐 거무칙칙한 죽음의 먹색
피투성이가 된 내 종아리의 바다였다
여름이어도 검은 스타킹을 신고 양호실 구석에
처박혀 누워 있었던 묵호의 바다

검은 바람 속에 막걸리 냄새 무섭게 나는 날이면
바다 반대쪽으로 냅다 달아나 깜깜하게 숨곤 했다

긴 시간의 다리를, 그 어둠의 바다를
꿈인 양 멀게 건너왔다
또 다른 바다는 내게 무엇으로 다가올까
미리 문 닫아걸고 열쇠를 아예 잊고 있었는데…
서해, 그 느릿한 뻘 위로 천사의 다리가 출렁이며
온다
보랏빛으로 충만한 치유의 섬이라고,
보라색을 입어야 한다는 전언이 그럴싸했다
아무래도 오늘은 보라 꽃다발, 잔뜩 꺾어 든
누군가가 내게로 올 듯싶어진다
보고 만지는 것마다 보라의 마술이 펼쳐지는
모든 걸 잊게 하는

드라마의 한 컷
―나의 해방일지를 보며

가로등이 달빛을 먹는다
어둠으로 달빛 하나만 일렁이는
밤을 기다렸는지 모른다
순간, 돌멩이를 집어 허공을 깨는 사내
가로등이 산산조각 나고
눈빛도 더듬지 못하는 어둠으로 어둠을 본다

달빛으로 더 빛나는 갈대들
남자와 여자의 키스는
순간, 지구의 종말처럼 절실하다
가로등을 삭제한 돌멩이처럼
찰나의 간절함을 삼킨 무색한 혀의 동맹

드라마의 한 컷이지만
갈대의 일렁임을 훑고 가는 달빛의 발끝에서
두 남녀의 번득이는 엉김이
불온이나 욕망으로 읽혀지지 않는다

이유 있는 결핍이 들키면
이유 없는 결핍이 끌어안아도 되겠지, 싶다

달빛이 전부인 갈대밭이 배경이라면

무감각한 위기들

수평선 너머는 비밀이다
블랙홀에 숨은 지평선처럼
구부러진 중력이 바닷속 빛까지 휘어진다면
이 푸른 지구라는 행성, 아슬아슬하다

가까운 나라가
지진으로 무너지는 지각 요동을 급 뉴스로 본다
대지가 중력을 놓쳐 금이 가는 섬나라
바닷속 뜨거운 융기와 급한 하강,
우리나라도 방심할 수 없다는 결론인데

섬나라 핵의 오염은 여전히 밥상을 위협하고
온갖 바다 생물이 거침없이 우리에게 드나드는데
너무 쉽게 우린 모든 것을 잊고 있는 건 아닐까

삶이 찢어지고 휘어지고
그 가상만 가도 무섭게 흡수되는
블랙홀은 아닌지 의심해야 하는데
빛이 절벽으로 휘는 줄도 모르는

일상이 뒤집히는 줄도 모르는 무감각한 위기들

눈앞에 참혹히 드러난 해변의 해일과
바다의 도시들이 일순간에 부서져 내리는
무수한 사람들의 압사와 비명 앞에서
우리는 천천히 입안의 고기를 미각으로 씹고 있다

우주에서 보면
지구도 푸르고 시린 별이라는데
질량이 클수록 별의 수명이 짧다는데
별은 결국 중력 안에 담긴 가스와 먼지라는데
잘 지키지 못하면 저 황홀한 바다와 푸른 하늘이
찰나에 저렇게 부서질 텐데
우리는 지금 무엇을 하고 있는가

우주 사냥

치솟는 불덩이를 매달고
지구를 박차고 떠나는 우주사냥꾼
별의 꼬랑지에 불을 붙이려는 건 호기심이지
'별 사이에 깃들일지라도
내가 거기서 너를 끌어내리리라'*는 전언
이천 년 전 오뱌다 선지자의 예언이지
그 언어의 화력이 더 독한 사냥이지

광야에서 당나귀가 두 발이었던 시절
그때 이미 우주를 알아챘다니
하늘의 소리를 받아 적던 선지자들이
무한 천공에 우주정거장을 세울 줄 어찌 알았을까
행성과 행성 사이에 다리를 놓고
무중력을 떠도는 사냥꾼들의 호기심을
푸른 별들의 절벽을 타고 오르며
궁창 비밀의 문을 열고 닫는 우주인들의 빛 더듬이를,
옷에 달린 주머니에서 산소를 꺼내먹고
그 독한 블랙홀을 떠도는 우주사냥의 쇼! 쇼! 쇼!
용광로보다 더 펄펄 끓는 어둠을 꺼내

별을 쪼아대는 무중력의 독수리들을,

그래, 방 한 칸 없어 병든 비둘기로 떠돌 때
그때 나도 우주를 꿈꾸었지
구름 우주복과 구름 주머니에서
꺼내먹는 산소 한 모금
빈혈 없이 궁창을 떠돌고 싶었던
그 독한 배고픔 한 사발, 꿀꺽꿀꺽 삼키고 싶었던 나는
이제 다 커 버려 겁 없는 소연이처럼
물구나무 잘 서는 우주의 소연이처럼

* 선지자의 전언 : 구약성서에서 나오는 오뱌다 선지자가 하나님 말씀을 받아 예언한 말씀.

착한 구둣방

착한 구둣방 쪽으로 발을 옮긴다
평생 남의 발바닥을 훔쳐보던 아버지
'고장 난 신발 고칩니다' 두 뼘 간판 걸어놓고
닳은 발바닥 수선하는 아버지
자신부터 수선해야 아버지 자리 가능한 아버지
가족사진에서 싹둑 잘라내도 아프지 않은 아버지
싱싱한 무 토막 낼 때, 가차 없이 튕겨 나가는
사진 속 텅 빈 자리

낯선 곳에서 부러 방향을 잃고 착한 구두 수선집을 염탐한다
발바닥 들켜야 가족인데
쩍쩍 갈라 터진 곳, 꿰매야 가족인데
냉방에 아이 업고 바느질하던 어미, 동상 걸린 발바닥 외면하고
가출한 아비, 개나 물어가라지
낯선 마을 한구석에서 남의 구두 손질하다 바람에 들킨 아비,
어디서 주소 한 장 날아왔는지

에미는 번지 내밀며 아비 찾아오라고 한다
  엄마 착한 수선이 아녜요 아버진 엄마 재봉틀론 못 박아요
  아버진 불가능한 고장이에요

  나는 낯선 마을 몇 바퀴를 돌고서야 착한 구둣방에 도착한다
  나는 거꾸로 가는 시간에 올라타 있다
  어디를 돌아도 구두병원은 없다
  엄마는 졸면서 재봉틀에 당신 손가락을 넣고 들들들 박고 있었다

라비린스*

병과 병원을 4번 접어
주머니에 구겨 넣는다
금방까지도 심각했던 염려와 주름을
훌훌 털어 붉은 노을에 맡기고
라비린스 미로에 발을 넣는다
4000년 전부터 유래된 미궁
중심을 잃는 것이 아니라
되레 중심을 찾으라는 경고를
병원 꼭대기 미로의 정원에서 듣는다
4000년 전의 벼랑과 21세기의 절벽이 같을까
7층 아래를 아득히 내려다보다가
삶의 미로가 더 얽힌 쪽이 침묵이고 미궁일 거라는
막막한 사유에 붙들린다
노을이 꺼져가는 한쪽 어둠에
가만히 머리를 대는 십자가를 본다
문득 세상의 무수한 십자가가 미궁이겠다, 싶어지고
사람들은 미로와 미궁 안에 갇혀
질문과 의심으로 또 다른 라비린스 속을 떠돈다
라비란스의 원형 공간,

생이 통째로 수수께끼여서
내면의 소리를 귀 기울이라고
길을 얽혀 발길을 어지럽혀 놓으신 것은 아닐까
품을 것이 있어야 인간은 사유의 중심으로
깊이 들어갈 수 있으니까?

*4000년 전부터 유래된 미궁이다. 내면의 소리에 귀 기울이며
마음의 평안을 위하여 걷는 미로의 정원이다.

재미없는, 눈부신

뭐 이런
뼈 때리는 농담이 있어
차돌 같은 문장 하나

시치미 뚝 떼고
못할 말까지 쓸쓸하게
맹렬하게 돌을 던져오네

과녁이 내가 아닌데
과녁이 되고 싶은
다행인지 불행인지
비껴가는 졸음으로 돌멩이는 스치고
한참 후에야 피하지 않았어도 좋았을 천국
아니 절대 내게 와선 힘들었을 낙원이었겠다, 싶어져

그렇게 잠깐 스치는 언어의 냄새조차
차마 두려운 떨림이라니

아니어야 하는데

근방을 지나다 돌에 얻어터진 꼴이라니
상대가 절대 모르는 감탄사 한 줌의 함정

혀를 깨물 듯
함몰의 끝에서 겨우 빠져나와
내 시가 절망적이라는 걸

재미없는, 눈부신,
그럴 수 없는

정지된 시간들

낯선 도시에 발을 넣는다
부력으로 뜨는 걸음이
무게를 잃고 기웃뚱이다
목적 없는 목적을 두리번으로 탐색하고
탐색은 어색하고 불편한 곳으로
밀려가 멈추곤 해도 좋다
낯설어서 문득 정이 가는 골목과
블루 안경을 맞추고 싶은 안경집 사이에서
유리창 안의 반사된 풍경이 되레 매혹인 오후
타협이 안 되는 발목이
햇빛에 엉긴 나무 그림자에 붙박인 채
뿌리가 되어가고 있다
종용이나 채근이 없는 정지된 시간들이
낯선 곳에서는 일탈이다
가야 할 곳이 딱히 없고
발이 가는 대로 마음을 주는
낯설수록 눈이 커지는 신선함이나 게으름,
구석구석 도시를 돌며
느리게 오는 봄을 하나하나 툭툭 건드리고 와야겠다

3부

묵호

버린 길들을 인출해 낼 수 있을까

45년 동안 59번의 이탈
레일에서 바퀴가 빠져나가 제멋대로 뒹구는 일탈
출구와 입구를 모르는 통로가 이사의 이력이지
떠돌이의 변방은 중력을 잃은 지문이어서
발바닥까지 희미해져

시도 마찬가지야
통로를 내줄수록 헤매고 휘청이다 유랑이 되는 거니까
만나는 것마다 골목이고 모서리여서
다 박히지 못한 못들이 피를 흘리지
찢어진 꽃잎과 대지에 떨어져 오르지 못한
별 서너 개가 선물이라면 선물일까

낯설고 진득한 언어의 반전이, 역설이
엉뚱한 이미지와 부딪치면 한 번씩 목마른 사유를 뱉어내
어디서 중력을 버린 길들을 인출해 낼 수 있을까
떠돌수록 통장은 비어가고 충전할 수 없는 기억조차
이삿짐 속에 꽁꽁 묶여 있는데
한 번도 풀지 못한 소심한 책들만 멀뚱멀뚱 눈알 굴리고

좁은 방에 갇혀 있는데

아무래도 시는 답이 아니야
미로와 배반이 가득한
길수록 답이 멀어지는 소란과 아우성뿐이야
화려한 밥상을 포기하고도 괜찮은 척하는
멀미와 어지럼증이지

보라와 블루 사이

보라와 블루 사이를 헤맨다
헤매는 명분은 애초에 삭제지만
진득한 뻘밭에 차오르는 물길로
바람이 밀어내는 퍼플꽃

뒷꼭지가 섬인 사내의 걸음이
삐뚤빼뚤 거칠다
보라가 블루를 삼키는 오후
가던 길을 삼키는 건 벗을 잃는 일
보라에 빠지면 다 잃어도
향기에 미루는 변명할 시로
남길 수는 있겠다
오르는 길 가파르고 헤매는 길이
엉키다 풀어진다
뒷꼭지를 두고 간 사내와
찢어진 햇빛 조각에 소금 간을 하겠다는
여자가 행불이다

새끼 고양이가 행불을 대신하는지

헐렁한 연민도 없는 나를 따라 온다
간절한 눈빛 같은 건 사절이다
주머니를 뒤지는 고양이 눈에
발톱이 들어있다

걸음은 빨라지고
뻘밭도 물결로 가득 차고
사내와 여인은 여전히 그림자를 감추고
낯선 바다는 저 혼자
보라가 됐다가 블루가 됐다가

궤도 이탈이 필요한데

중력과 질량의 바깥인 줄 알았어
무중력, 이 깊은 동굴 안쪽이 함정이지
은하의 가장자리라도 더듬어야 할 텐데
불쑥 나타나서 삼키고
시치미 뚝 떼는 이 암흑물질,
떠돌이별은 항시 운이 나쁘지
궤도 이탈이 문제긴 해
한 곳만 탐색하며 도는 건 돌겠더라구

엄마는 늘 한 곳만 봐
재봉틀만 들들 돌리고
왼 종일 바느질만 하지
것도 무거운 중력인데
방구석만 누르는 질량인데
바깥 구경은 딴 나라 세상이래

궤도 이탈이 필요한데
지독한 블랙홀의 암흑물질에 잡혀있지
빛이 오로라인 은하의 가장자리가 어딜까

엄마를 그리로 옮겨주고 싶어
경이로운 은하의 별로

바다의 배후

끝나도 끝나지 않는 비대칭
부정이나 비극이 애매해도
당도하지 않는 바다의 모서리지
전혀 상반된 것들이 모여도
이어지는 모래 파도

엉뚱한 동서남북을 눌러도
혀 밖으로 튀는 의문들을
분갈이라도 해야겠는데
앞뒤가 뒤섞인 종착역이 되기 위해
바다의 배후로 있어야 하나

바다가 넘겨준
바깥은 속내가 안녕하지 못해
샛길을 감춘 버려진 책보다 낯설고 어렵지

시치미 떼고 따라오는
반달을 따돌리느라
바다의 그림자가 되기로 했지

광대에게 길을 물으면
몽땅 연필처럼
부러진 안경다리를 건네주지만
답은 언제나 내피에 저장되지

그렇게 엉뚱하기도 쉽지 않고
또는 망가지기가 쉬워서
다가오는 길마다 구부러지고 휘어지다가
배후인 바다까지 의심이 되는 거지

깜깜한 트릭

절단 없이 분쇄되는
무대 위의 토설

빈 손바닥에서 손수건 한 장으로
무수한 비둘기를 날리는
뻔뻔한 술수
유리잔에 든 맹물이
찰나에 쪽빛으로 변하는 농담
그 찻물 위에 수건 한 장 씌우자
불 켠 골프공이 되어 나오는 트릭

잘 속으면 용서가 돼지
재즈로 속이고
클래식으로 속이고
고도의 영상으로 속이면
환호를 넘어 경악이 되지
그 짜릿한 마력을 밝힐 수 있을까

아니지 무작정 매료면 무대는 끝난 거지

완전히 쇼크로 무너졌는데
기립 박수가 천장을 뚫는데

묵호

서에서 동으로 거침없이 횡단했다
군데군데 안개가 포진해 있었으나
적수는 아니었다
끝내 돌아와야 할 처소였다
이따금 이방인이 되는 묵호에 찍힌
내 유랑의 발바닥,
집에 오니 갈라지고 터져 있었다
찢어진 살 틈에서 시의 조짐을 보았다
새벽 두 시였다
이제 얼마간은 내 광기가 수그러들 것이다
동이 서에서 먼 것 같이
서에서 동이 먼 것 같이 아득해지다가
어느 날 번개 맞듯 동해로
다시 몸 비틀 것이다
몸 저리고 졸음 쏟아진다
꿈속에다 무거운 몸 비워야겠다

일회용 의사

 너는 발가락 아픈데 안과에 갔다지만 난 가슴 아파서 이비인후과를 다녀왔어 평행 감각 없이 넘어지는 것이 가슴 아픈 것과 무슨 관계가 있냐고 의사는 물었지만 덕분에 나는 의사의 귀에 청진기를 꽂아 볼 수 있었어 가끔 일회용처럼 직업을 바꿀 필요가 있지 않을까 그러면 가슴 아픈 것이 귀에서 새 나오는 소리 때문이란 걸 설득할 수 있지 때론 일회용 커피가 카페 커피보다 더 맛있는 것처럼 환자가 의사보다 더 용할 때가 있지 혹 가슴이 못 견디게 아픈 사람이 있다면 이비인후과에 가 봐 귓속에 든 돌이 이리저리 떠돌다 길 잃으면 가슴도 귓속의 돌이 되어 팽이처럼 돌아버린다는 것, 혹 누가 향방 없는 아픔이 있다면 귀에다 가슴을 바짝 대보라고 해 그 고막 속에 든 우렁우렁한 소리가 우주 몇 바퀴를 돌다가 빙벽에 부딪혀 곤두박질 치는지 청진기 없이도 독한 어질병 찾아낼 수 있을 테니까

갈증선호증후군

갈증이 보인다 하더군
함부로 타인의 갈증을 훔친다더군
어둠이란 놈은
여전히 배고픈 이놈은
아주 미세한 틈에도 진동을 느낀다 하더군
그 빼어난 갈증선호증후군으로 미끼를 삼고
한 치의 의심도 없는
넘어져 보고 싶은 호기심을 들쑤신다하더군
민감한 의심 후각이 없으면 도무지
알 수 없는 단테의 미로
어둠을 빛으로 착각하는 일은 개나 물어가라지
어둠이란 놈은 제가 어둠인지도 모르고 노리는
검은 관음을 달고 살지
환상이라는 미친 증세로 들통나게 하고
사랑이라는 포위망으로 서로를 속이게 하는 거야
견고한 의지를 벗어나
너무 멀리 간 곳에서야 아차, 하는 것
그러니 이 보시게들!
잘 간수해야 한다네

독하게 의지를 조절하고 분별해야 한다네
미치거나 미쳤구나 하는 사이에서
너덜너덜해지기 전에
그 목마른 것들 안으로 잘 추슬러야지
이들 보시게
악마가 고상한 매너로 가져다주는 붉은 와인,
단호히 거절하시게나
목구멍 깊이 내려가 혼절시키는 그 독주를 말일세

산 벚꽃들의 가속

꽃과 꽃이 부딪치고
발과 길이 충돌하는 사이
나는 허공을 걷는다
보폭을 무시한 빗줄기는 사방으로 튀고
비를 피하는 벌레들은
나무의 옆구리로 파고든다
우산을 놓친 길이
실실거리며 발을 거는 동안
어디까지가 산이고 벼랑인지 표지판이 없다
산 벚꽃들의 가속이 피로 낭자한 오후
발밑에서도 꽃이고 싶은 꽃잎들
불어 터진 재생된 꽃잎들
서둘러 연두를 버린 서툰 봄들이
와르르 몸 버리고 여름을 당긴다
겉옷이 무거워 허공에 던진다
제대로 된 사랑 하나 없이
낭만이랍시고 산 벚꽃 길을 걷는다
혼자 걷는 걸음마다
발끝에 밟히는 젖은 벚꽃들 수선스러운데

삭제된 추억 한 장도 없냐고
분탕질을 한다

재즈와 빗줄기

빗속에서 듣는 재즈가
먹색을 통과한다
과하지 않게 흐르는
밀봉된 구름을 뚫고 나오는
축축이 젖은 깃털들
비눗방울을 터트리는
소년의 삐딱한 걸음처럼
빗방울은 소리 없이 꺼지거나
회색빛 선율에 눅눅히 젖어간다

서툰 내리막길이 빗방울에게도 있다
고요하게 무너지다가 흐득이는 선율처럼
기복이 심한 오래된 골목처럼
가로등으로 몰려와
하얗게 줄을 긋다가 사라지는
빗줄기의 재즈

온통 잿빛이 된
창문 틈새를 찢고 젖은 가락이 새어 나온다

창문이 얇을수록
온몸을 비트는 노래가 있고
바닥을 치며 눈물을 던지는 골목의 애환들
혼자 짙어지는 빗소리가
가로등과 가난한 창문을
흔드는 먹색으로 들먹인다
젖어 어깨를 들썩이게 하는
놓쳤다 다시 끄집어내는 저음의 선율

느리고 굵게 내리는 빗줄기가
재즈를 타고 좁은 길을 흘러가다 멈추곤 한다

아나모픽*

도시가 출렁인다
평면의 광고판에서 쏟아지는 빌딩만 한 폭포
그 거센 물결의 착시가
광고 없는 광고다
빌딩주가 주문한 거대한 건물의 디스플레이
유리 벽에 갇힌 거대한 고래가
벽을 터트릴 듯 용을 쓴다
올려다보는 시선들이 발이 묶인 채 놀라 건물에 갇힌다
파도를 둘둘 말고 드러나는 고래의 형체
광고판 유리를 터트리며 허공을 맴돌지만
고래는 제자리에 갇힌 상태로
거칠게 돌고 도는 반복이 사명이다

영상으로 쏟아지는 폭포
영상으로 출렁이는 고래
저건 영상의 반란이다
디지털의 혁명이다
벽을 뚫고 나비가 무수히 날아오르고

보도블록이 터지며 사자의 갈기와 무서운 발톱이
유리 벽을 뚫고 나와 허공을 찬다
죽은 빌딩을 살리기 위해선
가장 높은 곳을 디스플레이 해야 한다

건물보다 광고가 비싸도
공중엔 파도와 고래로 출렁여야 한다
빌딩 전체가 폭포로 쏟아져야 한다
그 속에 광고주와 건물주의 피눈물이 있다는 걸
허공의 마술에 발과 시선이 묶인 우리도
묵묵히 놀라다 끄덕여야 한다

* 와이드스크린 텔레비전을 지원하기 위하여 만들어진 디지털 비디오 디스크(DVD)의 하나.

훌통 바다

바다의 모퉁이가 혼자 모래밭을 돌고 있다
내 발자국 소리가 그리 따라붙는다
해면이 둥글게 모래를 핥다가
모래 밟는 소리에 멈추고
작은 물결 몇 장
앞서 보낸 내 그림자를 지우고 있다
겹겹으로 파고드는 바람이
햇빛 한 움큼 머리에 던지고 간다
배고픈 그늘이 덥혀지는 오후
낯선 바다 훌통*에서
맨발로 걷는 종아리 하얀 그녀의 바다에서
부러 길 잃은 발바닥을 본다
바닥이란 놈은 늘 적의에 가깝고
그래서 찾은 바다는 더 깊은 곳 이빨을 드러내며 가르릉이다
바람이 저만치 가다가 다시 돌아서고 있다
한 번도 뜯어진 적이 없는 바다
더 이상 넘어설 수 없을 때
어쩌지 못하고 제 몸을 갈가리 찢는다

그제야 적나라하게 들킨다
그만한 배반쯤은 어디에도 있다고
우주까지 다 품을 수는 없다고 본심을 드러낸다
인간들이 버린 온갖 오물과 쓰레기들
바닷속은 누렇게 몸살인데
모든 생명들이 몸 비틀고 몸부림인데
그만 문명을 버리라고 허연 거품 뒤집으며 달려든다

*홀통 바다 : 전남 무안군 현경면 오류리에 있는 바다.

안과 바깥

1. 안

손에 잔뜩 든 물건과 함께
주차장 방지 턱에 와락 넘어질 때
심장의 피도 바깥으로 함께 쏟아졌다
벌겋게 단 고깃덩이 하나
오븐에서 막 꺼낸 것처럼 손바닥이 피로 익어있었다
찰나에 내 몸으로 붉은 뱀이 지나갔다
누군가 내 몸을 한참 흔들 때까지 피는 멈추지 않았다
내 안의 내가 무섭게 나를 찾는 바깥의 시간이었다

2. 바깥

내가 안을 잃어버린 건
차라리 홀연하고 가벼운 거였다
안을 지키기 위해 떠나가는 것들
그 막막한 바깥을 비명으로 간직하고
엽서 한 장 보내지 않았다

페루로 날아가 죽는 새를 생각했다
해안 절벽 구멍마다 새가 들어가 사는
휘파람새를 휘파람으로 불러내
까마득한 메아리로 만나는 일과를 아프게 탐닉했다
배반은 도처에서 피어나고
떠났다 돌아온 사람은 잠깐 웃어줄 뿐, 그뿐으로 잘 견뎠다
오고 가는 일이 일상이 되도록
마음 빗장도 여전히 그대로 놔두었다
켜켜이 내려앉은 책갈피 먼지를 닦아내며
손바닥에 남은 흉터나 웃음 서너 장
다시 펼쳐보고 써야 할 시를 생각했다
잘 익은 햇빛이 창문 곁을 한참 서성이다 갔다
햇빛 정원을 본 지 오래되었다
몇 달 시간을 바깥에 두고 산 것뿐이었다

달은 염색하기에 달렸다

1

 떠나오면서 그에게 치자로 염색한 달을 선물했다
 얼굴이 잠시 환하게 켜지다 흐려지는 걸 보았다
 멀리 섬 귀퉁이에 앉아 뜨지도 않은 치자 빛 달을
꿰맨다
 꿰매다 배고프면 숨겨 논 달을 뜯어 먹는다
 네모를 둥글게 파먹는 일
 밥을 잊은 지 오래여서 바늘과 실이 수저와 젓갈이다

 느닷없이 그는 달이 뜨지 않는다고 화를 냈고
 달이 뜨지 않는 내비가 더 좋다고 나는 응수했다
 내 손안에 이미 달이 떴으니
 실과 바늘만 있으면 지천에 널린
 며느리밥풀꽃 쑥부쟁이 칡넝쿨 뜯어 염색할 것이다
 달은 염색하기에 달렸다
 염색할 동안 등불은 내 안에서만 켜지게 손을 봐
두었다

2

 달이 가는 곳으로 파도가 쏠려간다
 배고픈 갈대같이 우우 몰려다니며 섬 귀퉁이를 물어뜯는다
 불빛 없는 마을에 와서 안개 속에 갇힌다
 물에 뜨는 돌이 담장인 나즈막한 오름이 조금씩 벗겨진다
 섬에서 섬을 건너는 일이 다 버리는 일임을 알겠다
 그렇게 나직이 말하는 법을 배웠으면 좋겠다
 서둘러 밥 먹는 버릇이 말을 끌고 왔듯이
 속도를 따라왔던 발이 형편없이 닳아 있다
 섬에서 섬으로 건너면서 달이 뭉개지는 걸 보았다
 만신창이 되는 일이 어렵지 않다
 터진 것들의 시야가 온통 치자 빛이다

아가리배
—검은 고래의 방

1

석탄을 나르는 아가리배는 늘 푸지게 열려 있었다
배고픈 입이 아니라 석탄을 가득 처넣어도
들어갈 곳이 넉넉한 거대한 고래 입이었다
그 아가리로 몰래 숨어들고 싶을 만큼
황홀하게 흔들리는 검은 고래의 방

철로 역변엔 배부른 석탄이 널부려져 있었다
 밤이면 고양이처럼 엎드려 푸대자루로 가득 석탄을 서리했다
 굶주린 배를 채워 줄 검은 양식들,
 방방해진 검은 푸대를 메고 연탄 찍는 곳으로
 달려가는 아이들은 웃음까지 검은 새끼 고래였다
 손톱 속에 낀 검은 가루가 365일 따라다녀도 좋았다
 석탄과 바꾼 지폐 몇 장의 마법
 고픈 배를 채울 수 있는 유일한 입구와 출구였다

2

자정 12시, 아가리배에서 뱃고동이 울렸다
바다에로의 밀항
헤밍웨이의 노인과 바다처럼
고래 잡는 흉내라도 내고 싶었다
아니다, 그 좁은 방에 새끼들 오글거리는
들쑥날쑥 파도의 잠,
차라리 쪽방을 냅다 바다에 던지고 싶었다
아버지의 집은 늘 그랬다
어둡고 좁고 햇빛 한 장 없는 골목, 맨 막장의 집
입구와 출구가 한 구멍인 갱도의 방이었다

 깊은 밤, 몰래 아가리배에 몸을 숨겨 넣었다
 배 밑창, 무더기로 쌓인 석탄 더미 옆에 꼬부리
고 자다
 결국 선장에게 들켜 쫓겨나던 밤,
 수천 촉 불 밝힌 선체엔 선원들이 일렬로 서 있었다
 금기인 여자애가 배에 올랐어도 아무도 몰랐다는
경악
 선장과 선원들 반은 격노했고, 반은 꼬마를 응원했다
―노인과 바다의 고래를 보고 싶었어요. 작가가 되
려고 집을 버리고 싶었어요
 시뻘게진 얼굴로 열변을 토하는 아이는 선원들을

흔들기에 충분했다
　그 용기가 가상하다고, 훌륭한 작가가 될 거라고
　밀항에 실패한 꼬마의 눈물을 위로하는 절절한 밤이었다
　선원들 모두 손을 흔들며 배를 등진 꼬마를 배웅했다
　그렇게 경이롭고 경건한 손의 환호를 받아본 적이 없었다

　느리게 뱃고동을 울리며 떠나는 그 아가리배를 지금도
　천천히 바라보며 시를 쓰고 있는 중이다

제4부

고원과 광야의 탐색

몽우

자욱한 기운이 수상한 하늘
가랑비 속으로 번지는 습한 전령들이 아우성이다
누구라도 젖게 하는 허망한 설렘
우산이 필요치 않은 사람들이
모서리에 서서 괜히 비 맞는 걸 훔쳐본다
안개비는 대책 없이 내리고
사연 한 장 없이도 사연일 수 있겠다 싶은
깜냥도 안 되는 풍경 속 습기로 서 있는 여인
철없이 부풀려가는 상상력으로
어린 사랑 수거하면서
멜랑콜리 비슷한 것들을 흉내 내보기도 한다
몽우란 그렇게 실없는 낭만을 끌어내 오고
푹 짜면 한 됫박 물이 쏟아질 것만
추억을 환기해 낸다
주변을 흐리게 하는 그림을 헤집고
우산 없이 흐르는데
여러 빛깔을 한꺼번에 뭉쳐 허공을
하나로 번지게 하는 일
그 속에 너와 내가 조용히 뭉개지며

하냥 비에 젖어도 좋겠다

컴퓨터 속에서 무럭무럭 키워지지

아날로그는
눈처럼 서서히 사라지지
레코드판에 긁히는 금속성 로망스에
녹는 사람이 지금도 있지만
봐야 믿는다고
만져야 내 거라고
아직도 침대 밑에
사진 뒤 금고에 지폐를 잔뜩 쌓아두지
화폐가 프로그램화된지도 모르고
폰 속에 돈의 강물이 흐르는지도 모르고
은행에서 무럭무럭 키워주겠다고
유혹하는 아날로그적 발상?
아니지 이젠 가상화폐야
디지털 코인이야
만지지 않아도 폰 안에서
축적되거나 빌딩이 되거나
환상의 거부가 되지
세계는 컴퓨터 속에서 무럭무럭 키워지는 거야
우리는 그림자고 기계가 실체지

맞아 우리는 아무것도 보지 못하고
만지지 못하고 듣지 못하지
열심히 기계 위에다 손가락만 올리고
속도만 내면 돼
우리의 생각도 언어도 의지도
로봇에게 몽땅 저당 잡히고
기계가 시키는 대로 굴복하고
하루를 천 년처럼 천 년을 하루처럼
마냥 편하면 되는 거지

맨발의 성찬

1

황토의 단단한 근육을 밟는다
왈칵 중심이 무너지자 내 발목까지
물어뜯는 기세로 달려든다
물렁한 이빨일수록 내 발목은 깊숙이 흙에 빠지고
붉은 황토 주둥이 한번 물고는 놓지 않는 근성과 맞선다
진득이 엉기는 흙의 입술이 거칠다
내 몸을 흔들고 미끄러지게 하려는지
질퍽하게 나를 밀어낸다
자빠지지 않으려 용쓰다 기어이 무너지고
황토도 자지러지게 흉터를 남긴다

서로의 고집을 꺾는 소리
뻘처럼 끌끌거리는 맘껏 찢어진 웃음들
망치는 일이 순간이다. 황토의 난장에 속아주는 일
주고받는 것이 손해 볼 일 없지만
이 붉은 마그마의 식은 고집에는

박수가 절로 난다

2

진흙을 밟고 뗄 때
발바닥에 따라붙는
발바닥 면적만큼의 고집이 찰지다
흙 속에서 나오는 휘파람이
고래 암호 소리와도 같다
휘잉, 끄응 비명 같은 후렴
그 호응과 대답이 전파로 울린다
밟고 떼고를 반복하다 보면
대지와 허공이 발바닥에서 으깨어지고
문득 잃어버렸던 노래 한 장 불러내기도 한다
내 발이 만드는 문장들이 찰지게 변화무쌍하다
것도 생명이라 진흙의 문양이
제멋대로 무너지다 뜨겁게 살아난다

풍문의 주소

바람에 묻은
풍문의 주소엔 돛이 없었어
에미는 새끼들 줄줄이 들쳐매고
옆구리에 끼고 업고
노와 돛을 대신했지
새끼들을 밀고 노를 저으면서
세찬 바람 쪽으로 몸을 바꾸는 돛이
애비 있는 풍문의 막장이라도
데려가기를 빌었지
너덜너덜한 구덕에라도 당도하면
살아있으나 죽은 목숨인
배의 밑창에서라도
요나의 뱃속, 그 처절한
기도문을 줄줄 외울 듯싶었어
바람이 미는 대로
낯선 도시 가난한 이들의
실개천에 당도했을 때
풍문이 가져다준 주소는
벽도 문도 없는 바람 숭숭 뚫린

묵호의 쪽방,
세상에 쫓겨 진물 뚝뚝 흐르는
탕감받지 못한 애비들이 있었지
화투장 손에 든 채 놀라 나온
초점도 팔아버린 애비의 막막한 눈,
에미의 여정은 늘 그렇게
깜깜한 심해였어

기타는 허공을 난타하고

노래로 맛보는 눈빛에
준비 없이 취하는 입술이 깊숙한 동굴이다
기타는 허공을 난타하고
질긴 거문고 줄을 가차 없이 자르는
사내 손에선 칼이 빛난다
긁히다 터지는 사이키한 선율들
피아노 재즈에 얽히다 무대 위로 풀어진다
어떤 평도 악사의 절실함을 대신할 수 없다
파격은 과욕이라고
무심한 멘트나 위로로 버무린 독설까지
무대에선 이미 떠난 화살이다
진실이나 진정성은 객관으로 평할 수 없다는 듯
야성으로 내지르는 검은 사내의 목젖이 폭발한다

오솔길로 따라가 보세요

 누군가의 처참한 바닥의 붕괴를 보고
 함부로 덧셈 곱셈하는 일에 분주하지 마세요
 의미 부여는 바깥이 아니라 내면이니
 벽을 뚫지 못하면 육안은 구부러진 못이 되고 말지요
 구부러진 못은 결국 자신을 치다가 지쳐
 납작한 ㄷ이 되겠지요
 보이는 대로 말한다,고 하는 것도
 정직을 앞세운 급수 높은 오만이에요
 반지르한 말이 흐뭇할새 없이
 광장으로 달려가 표적이 되어 오지요
 할 일 없어 광장을 어지럽히다
 돌멩이에 넘어지고 웅덩이에 빠지지 마시길

 입 딱 닫아걸고 멀리 오솔길로 따라가 보세요
 느닷없이 달려드는 찔레꽃 향기가 그대 옆구리를 쿡,찌를 것입니다

달빛 항아리 사내

몇 번이고 흙을 체로 쳐서
몸 안의 상처와 물집과 통로를 알아내는 일
흉터는 흉터대로 뼈는 뼈대로
물기와 고집은 성깔대로 골라서
틈 없이 빽빽이 부비고 문대 주는 일
서로 잘 아는 몸들만 추려
몇 날 며칠이고 손이 흙이 되도록
닳아진 흙이 손바닥이 되도록
주무르고 구슬러서
가마 깊숙이 넣고 불 지피는 일
가장 빛나는 서러움과
가장 황홀한 고통을 뜨겁게 달구는 일

축령산 가난한 나뭇가지와
칡넝쿨 모아 집을 지은 사내
휘영청 보름달 뜨면 정성으로 주무른 달항아리에
달빛과 장작을 함께 넣고 불 때는 사내
훨훨 불 먹으며 춤추는 달항아리 꿈꾸며
설설 끓는 찌그러진 주전자 물로

차를 우려내는 사내

쑥대머리 창을 불러 다오
으스스 추워지는 이 조짐이 나는
두려울 뿐, 어지러울 뿐,
여기 있어도 간간 거기 있으니
뿌리 찾아 어딘가로 떠나야 할 듯싶을 때
내 발걸음의 질문들이 따라 온다

헛된 속도를 놓쳐서 샛길로 들어선 산속에서
뜨겁게 식어가며 금 긋는 달항아리 종소리가 시리다

고원과 광야의 탐색

광야는 고원의 회전이야
고원은 광야의 주름이고
반복해 탐색해도 어려운 질문만 남지
고원의 주소가 뭉개져 통째로 사라질 때
광야가 펼쳐지겠지
광야가 천막을 접었다 폈다
40년간 58번 이사했다고 해
제 안에 길을 내던 고원은
아직도 풀지 못한 숙제처럼 혼자 뒹굴지만

두터운 초본이 촛농이 된다면
살아온 길들은 왜곡의 현장이니까
오면 가고, 가면 떠나는 엇박자 속엔
밀당보다 무서운 의무가 있으니까
의무라고 오해하는 이유들이
천 개의 고원보다 높고 아득하니까
변명은 늘 아득한 골짜기 속에 숨어 있으니까
뚜껑을 열지 못해 가려지는 진실도 있다니까
진실이라고 할수록 거래가 불투명한 패러디니까

접지 못하고 떠나는 지평선들은 널려 있으니까
여기저기 구겨져 제가 모서리였던 것도 모르니까
써먹지 못해 버려진 시간이었던 것도 모르니까
밀고 나가는 건 지붕만이 아니니까
한 번도 집이었던 적이 없는 촛농 같은
흘러내리는 젖은 종이의 내력들
약속이 뭉개진 내면의 호칭들
58번의 이동이 자랑은 아니니까
근질거리는 발바닥 탓하는 건 비겁만도 못하니까
예고편 없이 전개된 수상한 고원이나 광야는
도피나 절박을 숨기는 데 적당했으니까
그러니 흔적을 키우고 지우는 고원과 광야의 탐색이
누구에게나 해당되겠어?

이 환장할 봄에

착한 쪽으로 어깨가 기웁니다
한쪽이 기울면 남은 한쪽도 내주기 쉽지요
쉬운 것은 어둠이 파먹기 좋은 구덕입니다
화장실에서 넘어져 눈코가 제 위치를 잃었습니다
어쩌지 못해 잃은 것에 몸을 맡기니
한 열흘 동서남북이 사라졌지요
이제 눈과 코 주변이 지구 반쪽이 되어
짙은 녹보라로 출렁입니다
연록, 고 여여쁜 잎새들이 하늘 구석구석
누비고 춤추며 노는데
내 반쪽 검어진 얼굴은 건들건들
약 올리는 연두에게 밥이 되고 말았습니다
이 환장할 봄에 얼굴과 다리가 묶여 꼼짝 못 하니
어리디어린 연두 잎 서너 장
바람 낯짝에 슬그머니 붙여
이리 흘리고 가십시오
모처럼 착하게 엎드려 윤기 흐르는 연두로
봄을 양껏 마시고 싶습니다

사마리아 여인의 우물

중천은 끝없는 광야여서
똑바로 바라볼 수 없는
눈만 버리고 그늘 없이 가지
뜨거운 열기만이 구원인
사마리아 여인의 우물
한없이 허리를 굽혀야
서늘한 달 하나 건질 수 있을지

땡볕도 나누기 싫은 여인
나그네에게 물 한 모금도 아까운 여인
애써 채운 물동이를 던지고서야 알았지
영원히 목마르지 않은 생수가 있다는 것을

꿈이 담을 넘을 때

리모컨에 박힌 검지는
한 숫자만 선호하지
화면은 움직여도 들숨 날숨 없이
제자리만 고수하지
간혹 엄지가 리모컨에 닿을 때
깜짝 놀라는 정지가 있어
입 떡 벌리고 자다 벌어진
제 입속 동굴에 놀라는 것처럼
손가락이 뇌보다 빠를 때
낮과 밤이 찰나에 바뀌곤 하지
어제의 시간을 오늘로 끌고 와
긴 밤을 단숨에 지워버리는 건
목구멍 주머니가 깊어서인지도 몰라

꿈이 담을 넘을 때
기다리는 것만큼만 아플 수 있다고
말해주는 건 심장이 아니라
손톱 속에 박힌 가시라는 걸
꿈 밖에서야 알아채는 거지

리모컨으로 꿈을 작동하다가
검지와 엄지가 놀라는 어느 날에 문득!

늙은 아이

1

꿈 바깥까지 따라오려다 잡힌 미소가
얼굴에 잔잔한 무늬로 남아 있다
입가에 실린 세미한 물결
그 얼룩을 따라 얼굴 한번 더듬어보니
늘 달고 다녔던 별명, 웃지 않는 아이가 떠오른다
쇼윈도에 언뜻 비친 깜깜한 표정
돌이라도 차서 유리창을 깨고 싶던 그 늙은 아이
거친 머리카락 아무렇게나 손가락으로 빗어 넘기고
바느질하던 엄마의 녹슨 가위로 들쭉날쭉
머리를 자르고 당당하게 귀밑 1센티,
등굣길에 여지없이 잡아채는 선생님 보란 듯이
낡은 교복, 찢어진 가방, 도시락 없는 점심시간
까르르, 까르르 시도 때도 없이 웃던 아이들
도무지 꼴 보기 싫어 교실 밖 화단에 오그리고 앉아
아작아작 햇빛만 갉아먹던 배가 고플수록 하얗게
늙어가던 아이
웃음이 어디서 알을 까는지도 모르던 아이

2

차창에 비친 속없는 모습을
늙은 여자는 아이로 읽는다
제 모습 제대로 본 적이 없는 여자는
여즉 제 나이를 모른다
초등학교 때 이미 오일장 장돌뱅이로
다 늙어버린 아이는
60이 넘어서도 여전히 그 나이로 서 있다
손자 손녀가 6명이 되어서도
 아이들과 깔깔거리고 춤을 추고 뛰어다니는 늙은 아이

서늘한 기울기

너에게 닿을 때까지
보타진 샘이 차기를 기다리듯
아득한 멀미가 먼저 내 안에 차듯
가을 강이 멀리 가는 하늘처럼 깊어지고
풀 벌레 소리 물속으로 자꾸 가라앉고
가라앉으며 바닥이 더 맑아지고
우글거리던 플랑크톤이 무심히
강을 바라보는 네 눈 속으로 옮겨지고
고요하던 눈빛이
바람에 일렁이는 억새를 다 받아내 출렁이고
이 가을이 너를 끌고 예사롭게 하지 않을 것 같다고
숨은 웅덩이를 조심스레 피해 가고
그러다 잘박, 발목이 빠지는 서늘한 기울기
너에게로 가뭇없이 술렁이는
 플랑크톤의 물무늬 속으로 길이 길 밖으로 떠가고
 훤한 달이 산을 따라 오르는 길로 바짝 달라붙어 가고
 추석이어서 빈손인 사람들, 차를 두고 덩달아 달을 따라가고

명절이 필요 없는 여자는 산을 끌고 바다로 가고
핸드폰에 갇힌 수취 불명의 목소리
내 속에 나도 모르는 내가 들어 있다 놀라고
아마 이런 말이었을까, 새벽 2시 20분은 잠도 소용없다고
멀티 메일 작성을 누르고 점 하나 찍고 있었던
긴 시간이 느리게라도 기어가고
불러낼 수 없는 잠을 잡아먹는 점, 하나
쉼표도 숨표도 느낌표도 물음표도 뒤로 감춘
달을 따라 밤새 걷다가 넘어지기도 하고

천 번의 무게

허공을 디뎌야 너를 만난다
천 번의 무게를 버려야
꿈에서라도 너를 볼 수 있다
중력과 속도를 무시해야
숲과 산과 고원을 포기해야 닿는
블랙홀의 미로
아니 단테의 미로
생존 염려까지 계산하기엔
모든 실체가 의심이다
고립 무한을 고집해야 겨우 보장받는 소문들
소문으로 갇힌 문을 잠글수록
목숨의 담보가 유효한 소문들
네가 오거나 내가 가거나
약속의 그리움은 문자와 마스크만 가능하다

5층 건물이 뼈대 없이 무너지는 걸 보았다
가장 빠르게 붕괴되는 일에
속절없이 매몰된 사람들
재건축 명분으로 가해지는 폭력이

행복한 시민의 버스를 공격한다
찰나에 떠난 한 소년의 폰 속엔 "곧 도착해요."
문자의 온기도 처참히 부서져 있었다

시에 대한 변명

말이 안 되는 문양을
말이 되는 양 끄적거려 놓고
시라고 명명한다
감히 뿌리나 꽃술 깊이
들어가 본 적도 없는
가는 눈빛 같은 것,
어설픈 손짓 같은 것
감성의 오류나 낙서 같은 것
말이 글이 되는 이유나 동기도 모르면서
생각을 굴리다 함부로 튀어나온
헛구역질 같은 걸 시라고 해명한다
애매할수록 희미할수록 해석이 필요한
분열된 자아, 그 버릴 수 없는 언어들
혹시 세상 밖으로 나가면
누구의 손끝이나 발끝
구멍 난 곳으로 파고든 햇빛에 찔려
들켜지기도 하라고
누설 같고 변명 같고 독설 같은
차라리 죄나 마약에 가까운 것들

최면에 걸리기도 전에
속아주거나 밀당에 스며드는
엉길수록 풀기 어려운 문서들
제멋대로 시간에 얽혀
발효돼 마침내 터져버린 항아리
그 속에 우글거리는 찢긴 문장들
함부로 우린 그 상처를 시라고 변명한다

빠져봐야 아는 일

모든 간절함은 차마 보기 힘들어
눈빛에 붙잡히면 넘어지니까
지는 건 길들여진 것에 동의니까
차가워지거나
곁이 비어도 무관심한 동공에
자유가 입력되니까
빠져나오는 데 절박하지 않은 게
그나마 대책이니까
원인을 제공하는 건
속수무책에 늘 당하니까
간절함은 두려움이거나 술수인데
가던 길을 돌아보면 길이 엉클어지니까
중심보다 아우라가 강하면
늘 블랙홀이니까

빠져봐야 아는 일
망가지면서까지 우린 무얼 그리 알고 싶은 걸까
너를 잃어야 나를 찾는 일에 대해서

■ 해설

우주로 나아가는 그녀의 언어 뉴런

이병금

    1999년 서울신문 신춘 문예로 등단한 정영주 시인은 『묵호』(2025)를 발간하기까지 20여 년에 걸쳐 여섯 개의 행성을 거느린 항성의 궤도로 운행되고 있다. 그곳을 방문하면 빛나는 붉은 해와 먹빛 바다에 눈이 가늘어져서 깊이 숨을 들이쉬고는 두 팔을 벌려 감지되는 이 모든 대상 너머를 떠올리게 된다. 첫 시집 『아버지의 도시』(2003)는 여전히 뜨겁게 타오르면서 조금씩 다른 빛남으로 움직이고 있으며 『말향고래』(2007), 『달에서 지구를 보듯』(2013), 『통로는 내일모레야』(2020), 『달에서 모일까요』(2025)의 행성들은 그녀만의 형태와 색깔, 리듬, 결로 나아가고 있다. 여섯 권의 시집들을 연속적으로 읽어볼 수 있는 근거를 베르그송의 '순수 기억' 개념에 기대어 보면, 시의 출발점에 깊게 관여했을 근원적 '장면-경험'이 그녀의 기억에 새겨지면서 강력한 파동으로 분출되고 끊임없이 현재의 시간성과 장소성으로 개입

되면서 순환하는 이유가 아닐까. 그것은 특별한 기억의 기둥을 이루면서 새로운 의미를 만들어내기도 한다. 원초적 경험의 강도는 삶과 죽음의 경계선에서 그 한계 상황을 버텨낸 의지로 확보된다. 이런 강렬한 파장이 그녀만의 시간을 만들어냈고 상징체계를 엮어냈으며 이것은 과거에 갇혀 있지 않고 더 깊고 강한 언어 뉴런을 형성하면서 운동을 지속한다.

1. 처음 시를 만났을 때

인간은 태어날 때 삶에 던져졌을 뿐, 부모나 환경 등의 선택이 가능하지 않다. 태어나보니 이러저러한 조건들 속에 놓이게 된다. 바로 '운명'이라는 상황인데, 과연 이 문제를 수동적으로 받아들여야만 할까? 인간이 어떤 힘에 조종될 뿐이라면 주체적으로 판단하거나 행동한다는 사실이 부정된다. 살고 죽는 줄타기의 시간은 정해져 있다지만 그 안에서 어느 정도 자유의지는 가능할 것이다. 그토록 많은 갈림길에서 선택은 주체에게 주어져 있고 책임 또한 자신의 것이다. 그녀의 시는 운명적 상황을 바꿔내려는 거부의 몸짓이 뜨겁다. 인간 개개인은 각각 주어진 조건이 다르기에 스스로 삶에 있어 주인이 되고자 하는 방법이 다를 수밖에 없다. 캄캄한 갱도, 막장과도 같은 조건들에 에워싸인 실존, 그녀가 겪어낸 경험들은 너무나 무겁고 어두워서 빛을 향해 손을 뻗지 않았다면 어린 자아는 납작하게 짓눌려져 버렸을 것이다. 이런 일련의 과정에서 언어로 구성해 낸 감동적인 장면이 「아가리배」에서 펼쳐진다.

깊은 밤, 몰래 아가리배에 몸을 숨겨 넣었다
배 밑창, 무더기로 쌓인 석탄 더미 옆에 꼬부리고 자다
결국 선장에게 들켜 쫓겨나던 밤,
수천 촉 불 밝힌 선체엔 선원들이 일렬로 서 있었다
금기인 여자애가 배에 올랐어도 아무도 몰랐다는 경악
선장과 선원들 반은 격노했고, 반은 꼬마를 응원했다
―노인과 바다의 고래를 보고 싶었어요. 작가가 되려고 집을 버리고 싶었어요

시뻘게진 얼굴로 열변을 토하는 아이는 선원들을 흔들기에 충분했다
그 용기가 가상하다고, 훌륭한 작가가 될 거

라고
　밀항에 실패한 꼬마의 눈물을 위로하는 절절한 밤이었다
　그렇게 경이롭고 경건한 손의 환호를 받아본 적이 없었다

　느리게 뱃고동을 울리며 떠나는 그 아가리배를 지금도
　천천히 바라보며 시를 쓰고 있는 중이다
-「아가리배」 부분

　"철로 변에 부려진 석탄 몇 개 훔쳐내어 먹을 것을 구해야 했던 그 먹빛 시간"이 고여 있는 곳이 '묵호'다. 시인에게 그곳은 석탄과 오징어 배, 바다, 가족사의 검은 이미지들로 뒤섞여 있다. 그러나 어두울수록 살고자 하는 의지, 앞으로 나아가고자 하는 열망이 타오른다. '아가리'는 입의 속어지만 이 시에서는 "석탄을 아무리 부려 넣어도 넉넉한 고래의 입"으로 그려진다. 그렇기에 '꼬마'는 그 속으로 숨어들었고 그 배에 실려 캄캄한 현실을 벗어나고 싶었다. "굶주린 배를 채워 줄 검은 양식이 석탄이었고 그것을 밤이면 고양이처럼 서리했으며 석탄이 지폐 몇 장"으로 바뀌는 마법을 경험했다. 아버지의 집은 "어둡고 좁고, 햇빛

한 장 없는 골목, 맨 끝 막장의 집"이었고 "입구와 출구가 한 구멍인 갱도의 방"이었기에 헤밍웨이의 『노인과 바다』처럼 밤 12시 뱃고동이 울릴 때 밀항을 시도한다. 석탄 더미에 몸을 숨겼지만 선장에게 들켜 쫓겨날 때 "작가가 될 거예요. 작가가 되려고 집을 버렸어요"라고 선원들에게 외친다. 어떻게 그런 생각을 했을까. 어디서 그런 용기가 났을까. 50여 년이 지나는 동안 아가리배는 바다 멀리 떠나갔지만 느리게 울리는 뱃고동을 "경이롭고 경건한 환호"처럼 들으면서 그녀는 그때 그 장면을 소환해서 현재적 시점에서 미래에의 시간을 생성한다.

연필의 원료인 흑연과 석탄은 같은 탄소 원자로 이루어져 있다. 그렇지만 그 원자의 결합 상태가 다르다. 원자의 배열이 달라지면 어둠에서 빛으로 나아갈 수 있다는 어렴풋한 짐작이 어린 자아를 흔들어 놓는다. 마침내 고래가 되어 바다로 나아가려는 그녀는 '아가리배'의 밀항은 실패했지만, 극적 지점에서 시의 얼굴을 보았던 게 아닐까. 그때부터 그녀의 탈주와 밀항은 계속되었고 그것은 지금도 진행형이다. 『아버지의 도시』의 묵호가 이번 시집의 63편 시들에서도 항성처럼 빛나는 이유는 몸의 하강 에너지와 정신의 상승 에너지가 충돌하면서 감각이 감성을 거쳐 직관을 깨워

냈으며 현 상황을, 거리를 두고 바라볼 수 있는 시선을 부여했다고 할까. 그녀의 시는 몸이 먼저 감지하고 정신으로 끌어올려지는 직관을 통해 장소에의 탈주, 너머에의 운동성을 갖게 된다. '묵호'는 시의 출발인 『아버지의 도시』로부터 시작되었지만, 이번 시집 속에서도 에너지를 발산하는 검은 별이다. 그녀의 시는 뉴런의 신경세포가 길을 내듯, 직관의 가지 끝에서 또 다른 장소로 나아가는 임계점을 획득한다.

2. 갈증이라는 연료

 마침내 작가가 되었지만, 갈증은 끝나지 않았다. 아니 글을 쓰기 위해 흐려지는 육체에 남아 중력을 허용하는지도 모른다. 몸(유한성)으로 무한성을 실험하고 자신이 처해 있는 너머를 꿈꾸었지만, 환상의 구름에 의탁하기보다 갈증의 뿌리를 지긋이 내려다본다. 도대체 이 갈망은 어디에서 비롯되었을까. "어제의 시간을 오늘로 끌고 와/ 긴 밤을 단숨에 지워버리는 건/ 목구멍 주머니가 깊어서인지도 몰라"(「꿈이 담을 넘을 때」 부분). 갈증은 어떤 원인에서 비롯된 것이기보다 인간의 존재 방식에 있다는 진술이다. 목구멍 주머니가 아주 깊어서 (그렇게 생겨 먹어서) 그것을 채우기가 불가능하다는 걸 언제 알아챘을까. 밀항을 꿈꾸며 아가리배로 숨어들었을 때? 혹은 하얗게 늙어가던 아이였을 때? "낡은 교복, 찢어진 가방, 도시락 없는 점심시간/ 까르르, 까르르 시도 때도 없이 웃던 아이들/ 도무지 꼴 보기 싫어 교실 밖 화단에 오그리고 앉아/ 아작아작 햇빛만 갉아먹던 배가 고플수록 하얗게 늙어가던"(「늙은 아이」 부분). 아이였을 때 이미 늙어버렸기에 그녀의 중심핵은 갈증으로 점거되었고 어린 자아를 다시 일깨우러 "퍼런 인광을 달고 무수히 오갈 수 있는 동해"를 시도 때도 없이 달려 묵호를 뒤집고 오기도 한다.

    갈증이 보인다 하더군
    함부로 타인의 갈증을 훔친다더군
    어둠이란 놈은
    여전히 배고픈 이놈은
    아주 미세한 틈에도 진동을 느낀다 하더군
    그 빼어난 갈증선호증후군으로 미끼를 삼고
    한 치의 의심도 없는
    넘어져 보고 싶은 호기심을 들쑤신다고 하더군
    민감한 의심 후각이 없으면 도무지

알 수 없는 단테의 미로
어둠을 빛으로 착각하는 일은 개나 물어가라지
어둠이란 놈은 제가 어둠인지도 모르고 노리는
검은 관음을 달고 살지
환상이라는 미친 증세로 들통나게 하고
사랑이라는 포위망으로 서로를 속이게 하는 거야

-「갈증선호증후군」 부분

묵호의 추동력으로 먹빛 바다로 나아갔으며 말이 향기로운 말향고래를 꿈꾸었다. 그곳에서 튀어 오르는 생명감에 몸을 떨기도 했고 수평선처럼 빛나는 정신의 확장도 겪었다. 왜냐하면 '빛을 압축시킨 어둠의 질량이 고여 있던 눈동자'가 바로 그녀의 눈동자였기 때문이다. 그래서 그녀는 '갈증선호증후군'을 통해 '어둠'을 '내 안의 타자'로 위치시킨다. 결국 삶이란 결락, 균열을 받아들이는 것이고 '검은 관음'에 의해 어디로든 숨을 곳이 없으며 이 구멍을 직시하는 일밖에 해결책이 없다. 타자가 외부에만 있는 줄 알았는데 바로 내 안에 버티고 있다. 아무리 벗어나도 그토록 빨리 나를 점유하며 깊숙이 스며든다. 어떻게 할까? 그토록 도망쳤지만 내가 나에게서 달아날 순 없다. 이 모순어법! 내가 너인가? 과연 그런 받아들임밖에 길은 없는가. 이런 이중구속의 존재 양태를 인정할 때 인간이 할 수 있는 일은 무엇일까? 현실을 외면하고 육체 없는 유토피아를 꿈꾸는 것? 혹은 '사랑해, 사랑해' 속삭이면서 그 시커먼 균열로부터 잠시 등을 돌리는 것? 그러나 그녀가 어렵사리 얻어낸 직관처럼 블랙홀에도 에너지가 응축되어 있다고, 이것이 아니었다면 빛을 꿈꿀 수 없었으며 언어 놀이(치유)에 뛰어들 수 없었다고. 그래서 그녀는 50여 년 동안 49번 이사를 감행한 후에도 성실하고 뜨거운 목소리로 "달에서 모일까요"라고 제안한다.

    갈증은 낮달처럼
    숨어서 소리를 내지
    누군가 한 번쯤 보는 곳에서
    잠깐씩 들키곤 해
    치명적인 것은 얼마간의 정적을
    움켜쥐고 있다가 찰나에 쏟아내지
    고요히 빛나는 것은 늘 조심해야 해
    소리 내지 않고 소리 내는 것
    목마른 암호로 내는 수화
    하늘에 드리우는 두레박처럼

중심이 텅 비어 있지
　　　-「숨어서 소리를 내지」 부분

　묵호의 갈증이 낮달로 걸려 있다. 문득 결락을 들여다볼 때마다 그것은 자리를 옮겨 묵호에서 바다로 나아가더니 언젠가부터 하늘에 낮달로 떠 있다. 그렇지만 시인은 낮달에서 숨은 울음소리를 듣는다. 바로 자신의 하늘에 떠 있기 때문이다. 눈에 잘 띠지 않는다고 간과해선 안 된다. 오히려 정적의 순간을 조심해야 한다. 그것은 태풍의 눈처럼 구름을 더 모으면서 순식간에 비를 쏟아내기 때문이다. '갈증의 중심이 텅 비었다'는 깨달음에 이르기까지 시간이 오래 걸렸다. 그간 세상에 휘둘리면서 상처 나고 위로받으면서 상징의 기술을 배웠다. 자기만의 언어로 세상을 도열하기도 했다. 그러나 연금술사가 되었다 해도 갈증이 제어된 것은 아니다. '시를 쓰면서 나를 의심하고 시를 의심'하기도 한다. '매 순간이 오늘이고 내일이고 마지막'이기에 다시 배후를 바라본다. 시는 그런 모순 구조의 '상처에서 흐르는 검은 피'가 아닐까. "한세상을 건너뛰고 싶은 이 증세/ 무등산 가지고도 모자라고/ 삼악산 가지고도 모자라고/ 설악산 가지고도 모자른/ 기어이 묵호라도 뒤집고 와야/ 펄펄 다시 살아나는 생"(「묵호」 부분) 사라지고 생성하는 인간 조건을 받아들일 수 있도록 두 손을 모아야 할까.

3. 사건으로 만나는 생명의 이야기들

그녀의 시는 대상과의 만남을 통해 벌어지는 사건들로 제시된다. 그러나 그 대상은 불특정 다수이며 사람을 포함한 자연 안에 깃든 생명성을 직시함으로써 앞으로 나아가는 힘을 얻는다. 이 과정에서 그녀 자신은 리트머스 시험지처럼, 유리창처럼, 거울처럼, 대상 앞에 서려 하며 '그려내고-그려진' 이미지를 언어로 바꿔내면서 우주라는 나무에 꽃을 피운다. 갈증이 인간에게 주어진 선험적인 조건이라면 지금이란 시간밖에 없는 존재자는 모든 힘을 동원해서 현재라는 지각 위에 싹을 틔워야만 한다. 그렇게 그녀의 항성은 행성들을 거느리고 행성들은 수많은 위성을 궤도 속으로 수렴하면서 우주의 그물망에 합류한다. 그러므로 우주의 중심점이 생명인 이유를 말하는 시들 속에서 시인은 한없이 겸허하다. 우주의 주인은 인간일 수 없으며 인류라는 정거장에서 인간이란 생명체는 '우연-필연'의 자웅동체처럼 꽃피었을 뿐이다.

중력을 버린 시간이
연두와 녹색의 밀당을 따라가지
켜켜이 산속을 누비며 흔드는
초록 걸음이 엉키다 넘어지기도 하지
중력이 없었다면 무한대의 허공으로
버려졌을 몸뚱이
산처럼 묵묵해져서야
나도 별 볼 일 없는 짐승이었음을 알지

한 가지 색 속에 던져지면
초록 그 이상도 이하도 아니야
의미도 사유도 다 텅 비고 마는 공간이 되지
모과나무 꽃이 혼자 피고 지는 삼백 년의 시
간이
큰 바위 위에 질펀히 떨어진 꽃잎이라는 걸
갇힌 산속에서야 비로소 느끼지
　　　　-「모과나무 꽃이 혼자 피고 지는」 부분

'연두와 녹색의 밀당'을 따라가 본 적이 있는가? 산속을 누비면서 이름 모를 풀과 나무에게 형제애를 느껴본 적 있는가? 낱낱의 개체들이 "초록 걸음"으로 엉키면서 잊었던 자연의 큰 호흡에 합류할 때 이것 또한 감각의 창들을 거느린 몸이라는 성채 때문 아닌가. 그렇다면 언제라도 어디서든 자신을 포함한 생명체 모두를 받드는 방향으로 나가야 한다. 그래서 그녀의 일상은 늘 자연 쪽으로 귀를 기울이고 일상의 벽돌을 하나하나 쌓아 올리면서 '찔레꽃 향기가 달려드는 오솔길'을 뒤돌아본다. 그런 그녀에게 생명을 섬기는 자세는 어떠할까? 그 첫발은 인간됨의 중력을 받아들이는 것, 시간 속에서 피었다 지는 유한성을 인정하는 것이다. '중력이 없었다면 무한대의 허공으로 순식간에 흩어졌을 몸이므로' 자신의 죽음을 앞당겨 현 사실성 속에서 받아들일 때 '산처럼 침묵'할 수 있으며 인간 또한 그 숱한 짐승의 한 족속임을 받아들이게 된다. 이 모든 개체의 차이를 존중하면서 '모과나무가 그 긴 삼백 년의 시간을 큰 바위에 질펀히 떨어진 꽃잎'으로 증명하는 찰나와 영원의 불가지성을 어렴풋이 느끼는 것. 인간으로 살아온 그 긴 시간이 하얀 종이에 박힌 한 줄의 글, 한 편의 시로 일생을 입증할 수 있음에 고개를 끄덕인다. 그때 하늘에 뚫린 결락을 두려움 없이 바라보게 된다. 그래서 그녀는 오늘도 바늘(정신)로 행성(창조물)을 깁는 일을 하고 있다.

4. 바느질

그녀는 쉽게 육체를 벗어나려 하지 않는다. 화려한 유토피아를 말하지도 않는다. 중력의 법칙이 적용되는 가시적인 세계에서 가능한 일들을 타진한다. 그래서 그녀는 현실에서 마주하는 소소한 사건들을 그러모아 더 자유로운 공간으로 솟아오르는 에너지를 모으고 도약의 지렛대로 달의 이미지를 끌고 온다. 달은 먹빛 바다에서 탈주를 감행한 장소였지만 다시 우주로 나아가는 정거장 역할로 변주된다. "달에서 지구를 보듯", "달에서 모일까요"의 몽상은 운명을 더 전면적으로 끌어안으려는 포용의 미학 속에 있다. 『묵호』에서 그녀가 새롭고도 확실하게 탈주한 장소성은 우주라는 공간이다. 그곳은 어디에서부터 어디까지를 말하는 걸까. 내가 발을 딛고 있는 이곳에서부터 우주는 시작되며 인간의 인식으로는 팽창하는 그 끝을 가늠할 수가 없다. '무한-무-절대-신비……'의 아우라로 옮겨오기까지 "까무룩 한 무중력의 시간"을 보내기도 했다. 현대의 과학 기술로는 빛의 속도를 뛰어넘는 우주선의 개발이 묘연하기에 그녀가 옮겨가고자 했던 곳은 은하 저 너머의 어떤 별이기보다 텅 빈 검은 별이 아니었을까. '너머'로의 운동을 멈추지 않으면서 언어로 그것을 감싸안으려는 시도, 사건의 지평선 가까이 부서진 우주선의 조각들을 주워 의미의 목걸이를 꿰고 있다.

>바늘에 실을 꿰어 행성을 깁는다
>한 올 한 올 명주에 길을 낼 때마다
>은하의 별들이 이어져 간다
>색인하지 않고는
>한 올도 건너지 못하는 소우주
>
>바늘이 중력을 뚫고
>별들을 도열시킨다
>아니 뒤집어 놓는다
>명주실을 따라 돌던 바늘의 속내,
>그 안과 밖을 껴안는 솔기가 만만치 않다
>
>구겨진 꿈들이 포개져
>구부러진 무릎에 고여 있다
>곤한 눈으로 무명을 놓치는
>까무룩 한 무중력의 시간
>   -「바늘로 행성을 깁는다」 부분

'바늘에 실을 꿰면 행성이 된다'의 의미는 깨어 있는 정신으로 더 큰 창조의 시간에 합류할 수

있음으로 이해된다. 실의 상징은 모든 개체에 이어져 있는 잠재적 에너지 혹은 그 에너지로부터 구성된 인식이나 지식 나아가 전통 등 인류가 쌓아 올린 문화 일반으로 확대, 해석할 수 있다. 즉 실은 개체성과 전체성이 이어진 끈이라고 읽히어진다. 바늘에 실을 꿰어 행성을 깁고 명주에 길을 낼 때 하얀 종이 위에 문자의 숨길이 열린다. 이 길 끝에 죽음의 문이 있다지만 그건 한편으론 맞지 않을 수도 있다. 명주 위의 문양은 별을 닮았다. 한 땀 한 땀 몸으로 증명하는 실의 미학은 우주의 진실을 찾고 또 찾아내려는 앎에 의지, 앎에 즐거움 없이는 건널 수 없다는 것. 그때 바늘은 중력을 뚫고 별들을 열립시키기도 하고 뒤집어 놓기도 한다. 바늘을 쥔 손은 도대체 누구의 것일까? 정신을 '나의 정신'이라고 규정했지만 거기 어떤 힘(의지)이 개입되고 있다면 이것은 규정된 테두리 외부에서 온다. 마치 한 편의 시를 만드는 건 그녀지만 그 언어가 오는 곳은 외부로부터다. 갈증이 비롯된 곳도 내 안의 외부였다면 언어 역시 내 안의 타자다. 언어 실험을 끝까지 밀고 가서 사태의 진실에 더 근접하려는 시도들이 앞으로 그녀가 건너가려는 또 다른 장소성이 아닐까.

『묵호』의 시들은 그간 발표된 주제와 구조, 시작 방법론과 크게 다르지 않다. 그러니까 그녀의 시들은 서로 영향권 안에 있으며 시간의 산화를 지연시키면서 열려 있다고 이해된다. 개체에게 주어진 유한성을 이겨내려는 생명에로의 상승 운동은 중력을 거슬러 탈주를 꿈꾸고 이를 실현하려는 이미지들로 드러나며 63편의 시들을 의미 사슬로 엮어놓는다. 죽음과 맞닿아 있던 그 시간을 장소성으로 견뎌내면서 마침내 그곳을 탈출, 확장하려는 시들에 있어 특이점은 노마드적 탈주를 시도할 때, 자신이 발을 내딛고 있는 지점을 벗어나 자신을 되돌아보면서 시의 목소리를 발화한다는 점이다. 그런 운동으로 시의 육체성을 벗어나지 않으면서도 앞서 시간을 건너뛰어 다른 차원으로 이주가 가능하며 이를 통해 전지적 서술자로서 이야기들은 확장적이면서도 섬세함, 촘촘함을 확보한다. 그 이야기들은 자전적 삶의 시간을 따라가고 있으며 지나온 가지마다 시인만의 꽃과 열매를 피워놓는다. 생명은 개체이기도 하지만 그 너머로 이어지기에 거쳐온 장소마다 분홍 싹들의 노래가 불린다. 결국 '나'라는 고정불변의 자아란 없으므로 그때마다 조금씩 달라진 나는 주변 에너지의 이합집산에 의해 융기하고 침강한 채 태어난다. 이렇게 추측할 때 묵호의 시간으로부터 열린

우주로까지 나아가고자 한 정영주 시의 존재 이유가 설명되며 그녀라는 생명나무 속 물관과 체관의 리듬이 또렷하게 들리는 것 같다.

우주문학 시선 4
묵호

초판 발행   2025년 5월 30일

지은이   정영주
펴낸이   진영서
책임편집   김영산
조판   김한백
펴낸곳   은하태양
주 소   서울 마포구 백범로 239 103-104호
출판등록   제2024-000103호
대표전화   010.8920.4725
이메일   galaxysun30@naver.com

정영주 2025
ISBN: 979-11-991218-7-4

*이 책의 무단 복제를 금합니다. 이 책 내용의 전부 또는 일부를 재사용하려면 반드시 저작권자와 은하태양 양측의 동의를 받아야 합니다.
* 책 값은 뒤표지에 표시되어 있습니다.